Yy

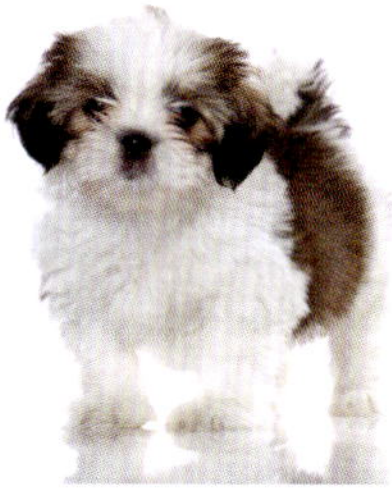

Ransom

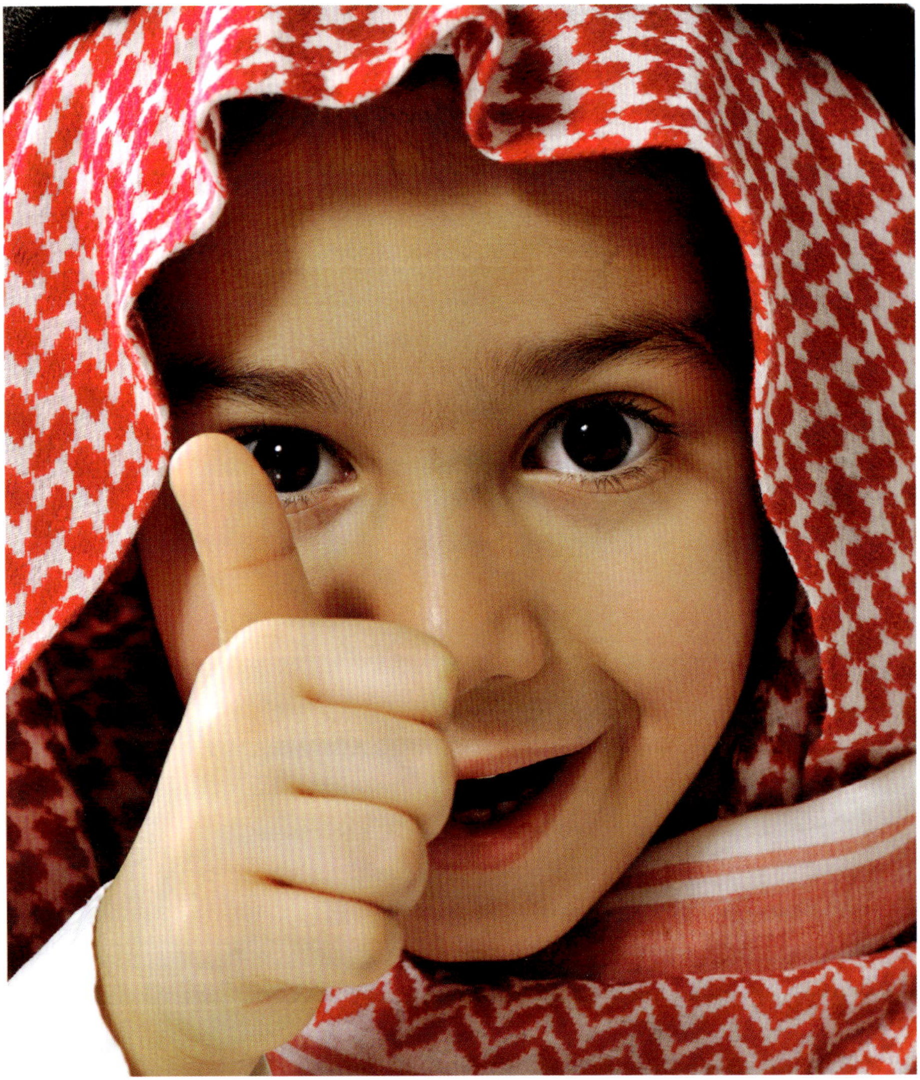

boy

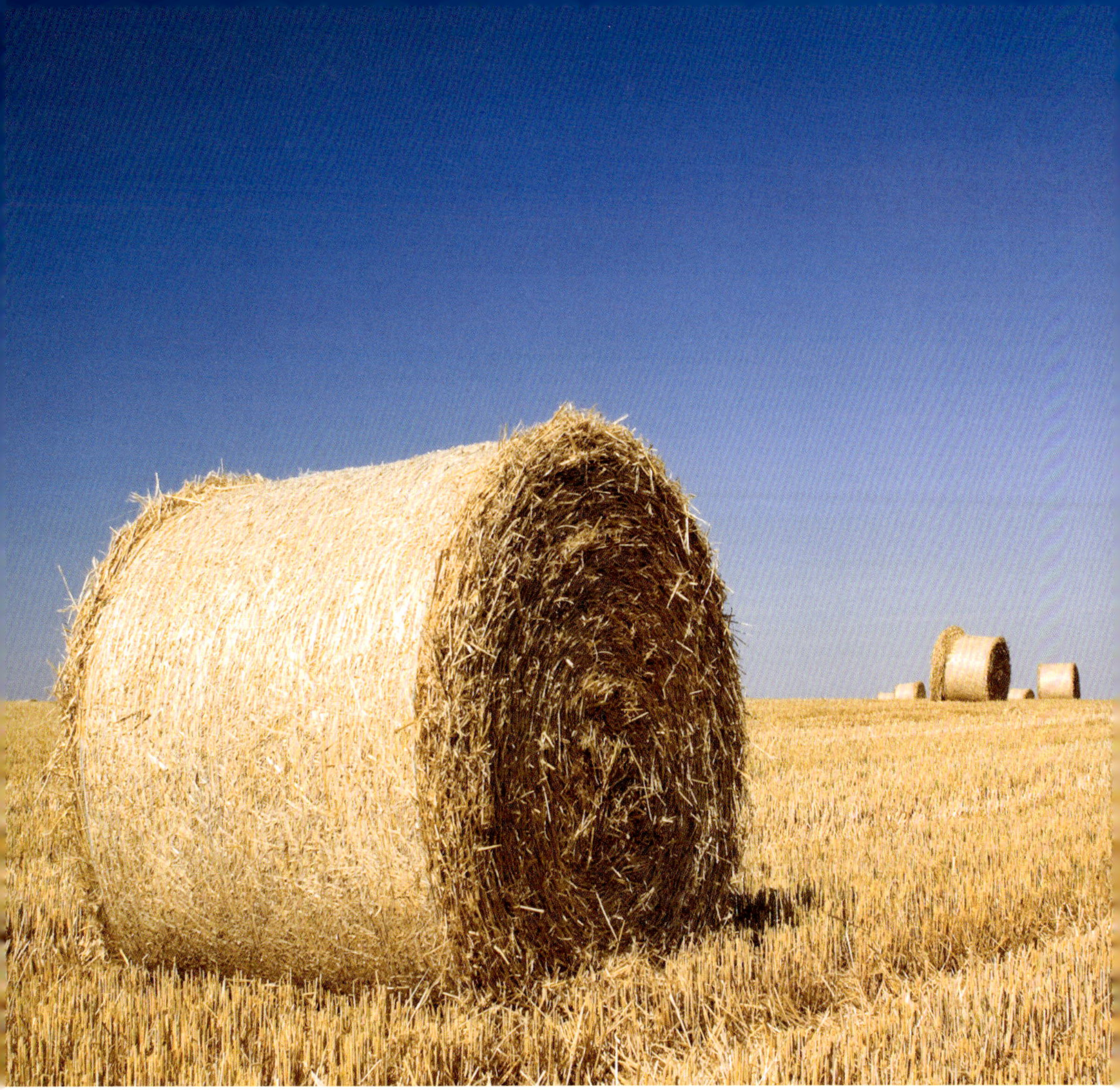

hay

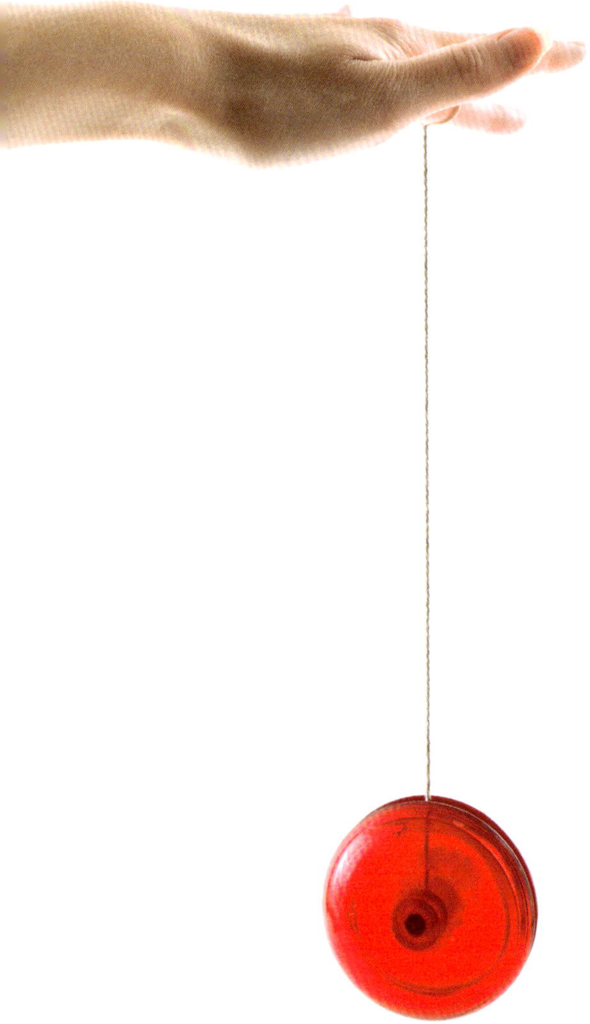

yo-yo

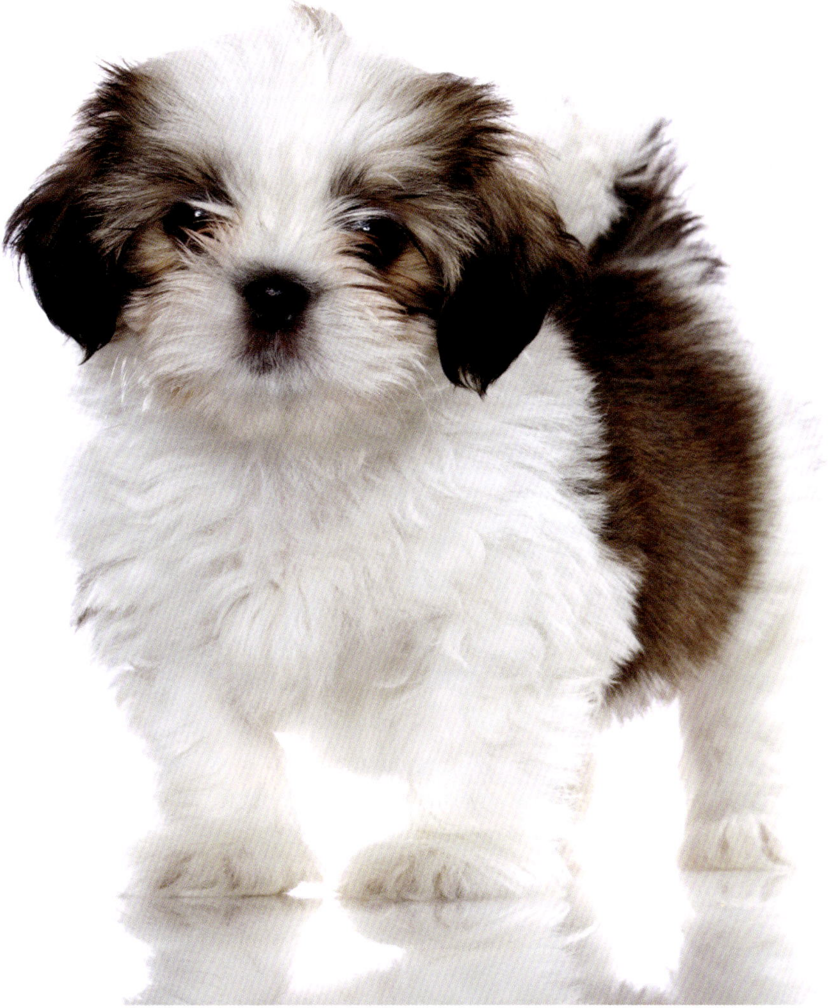

puppy

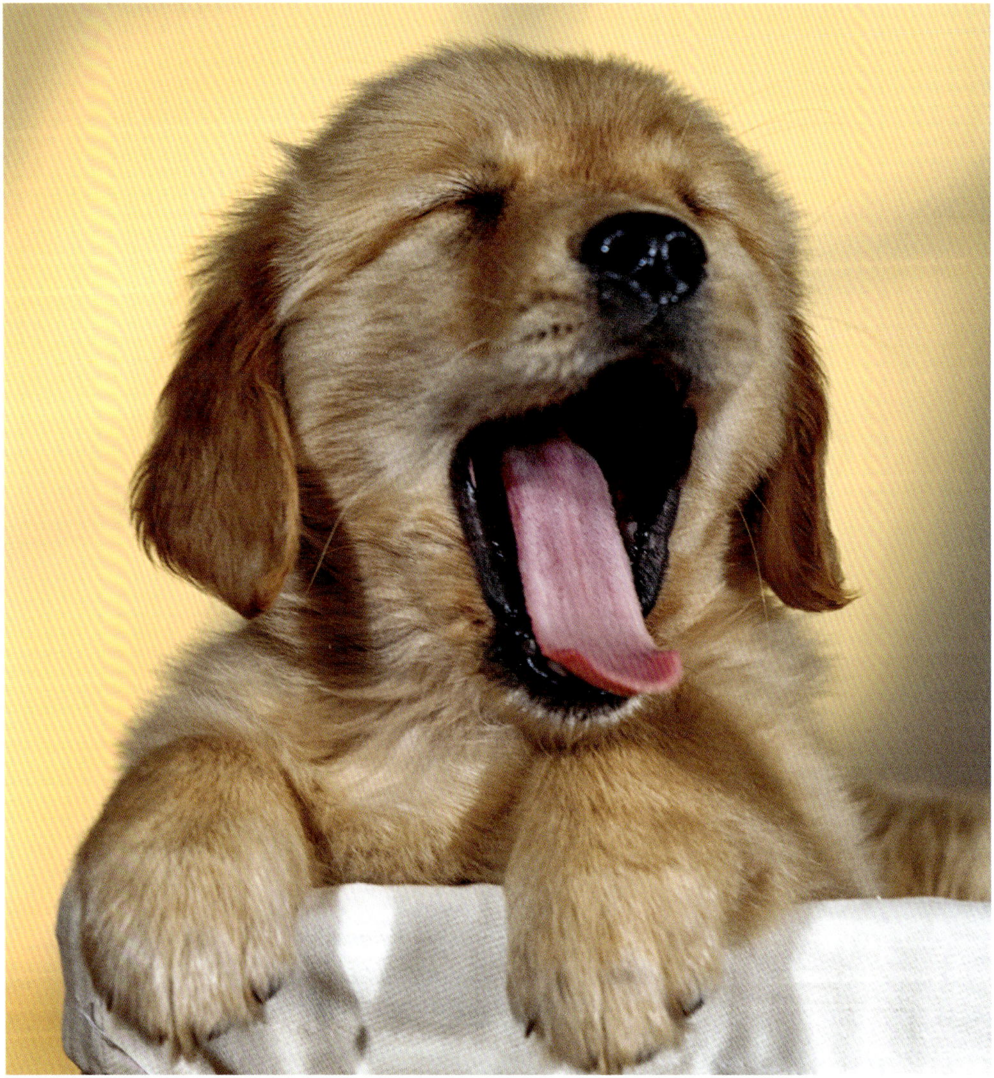

yawn

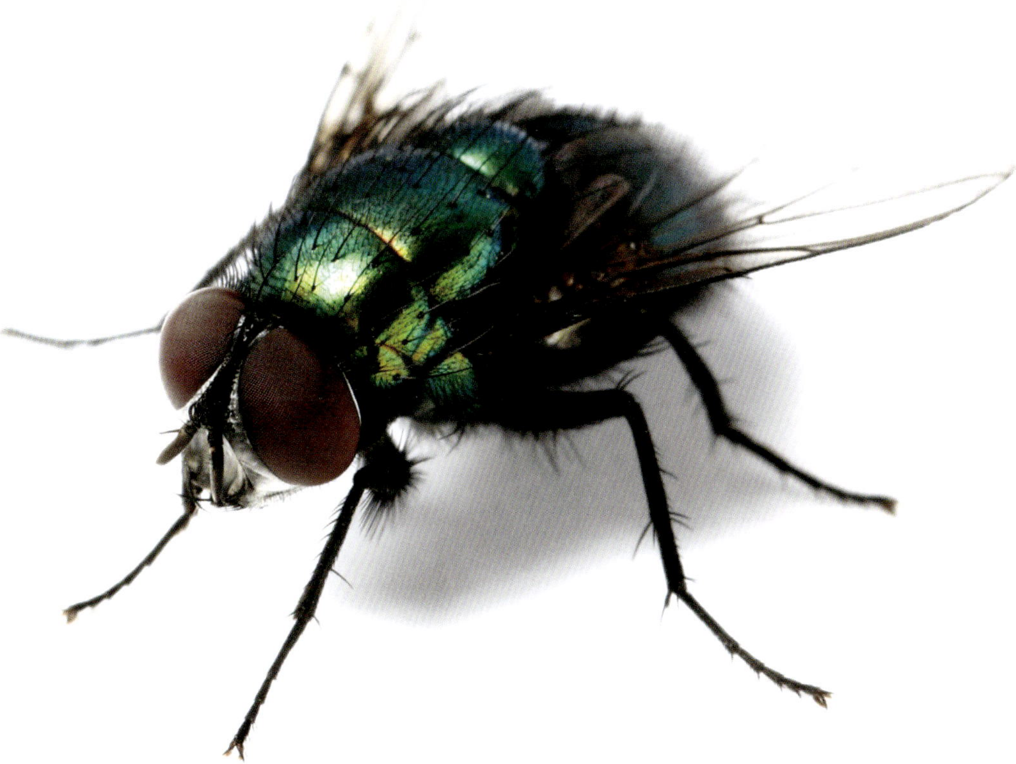

fly

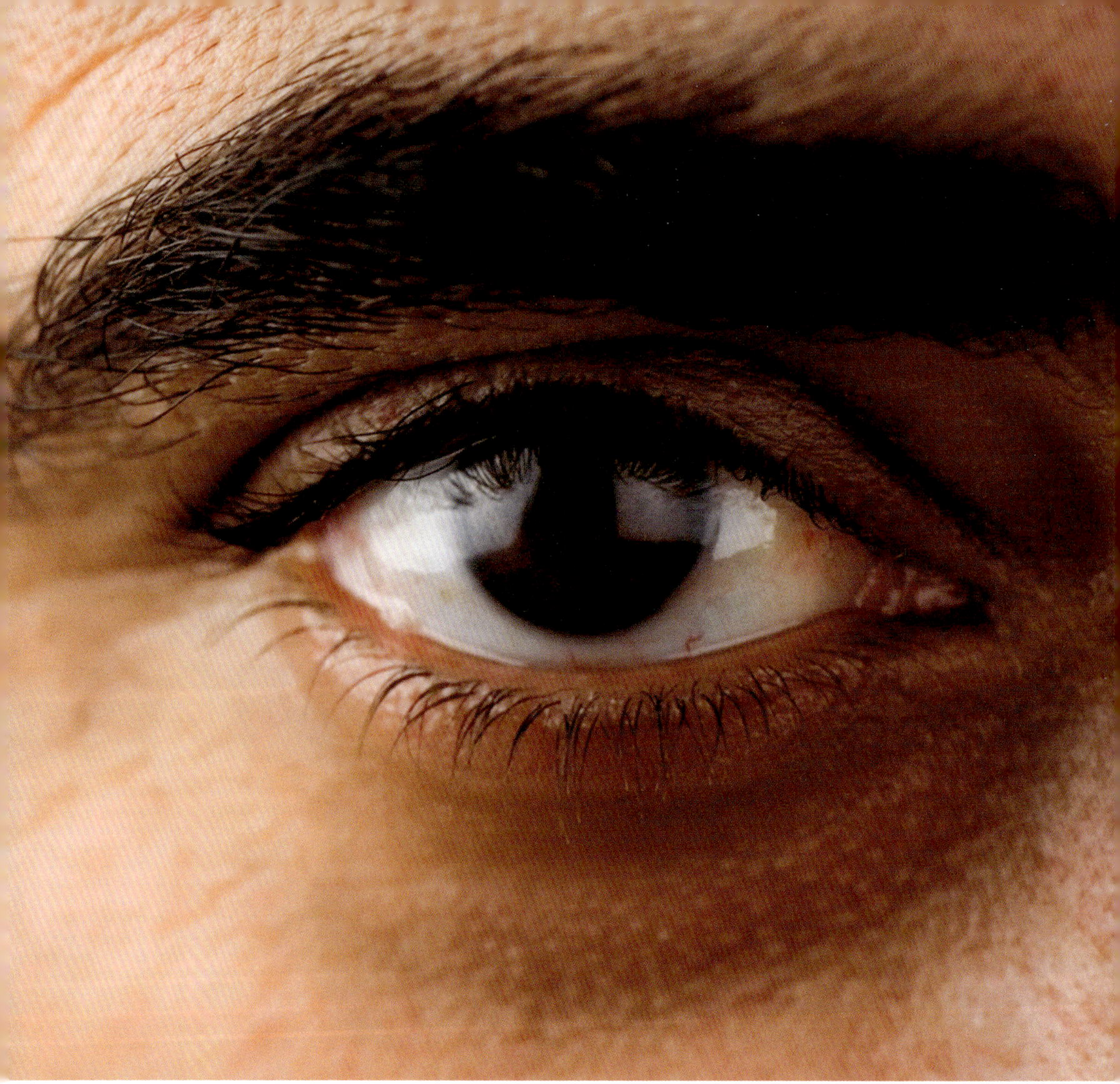

eye

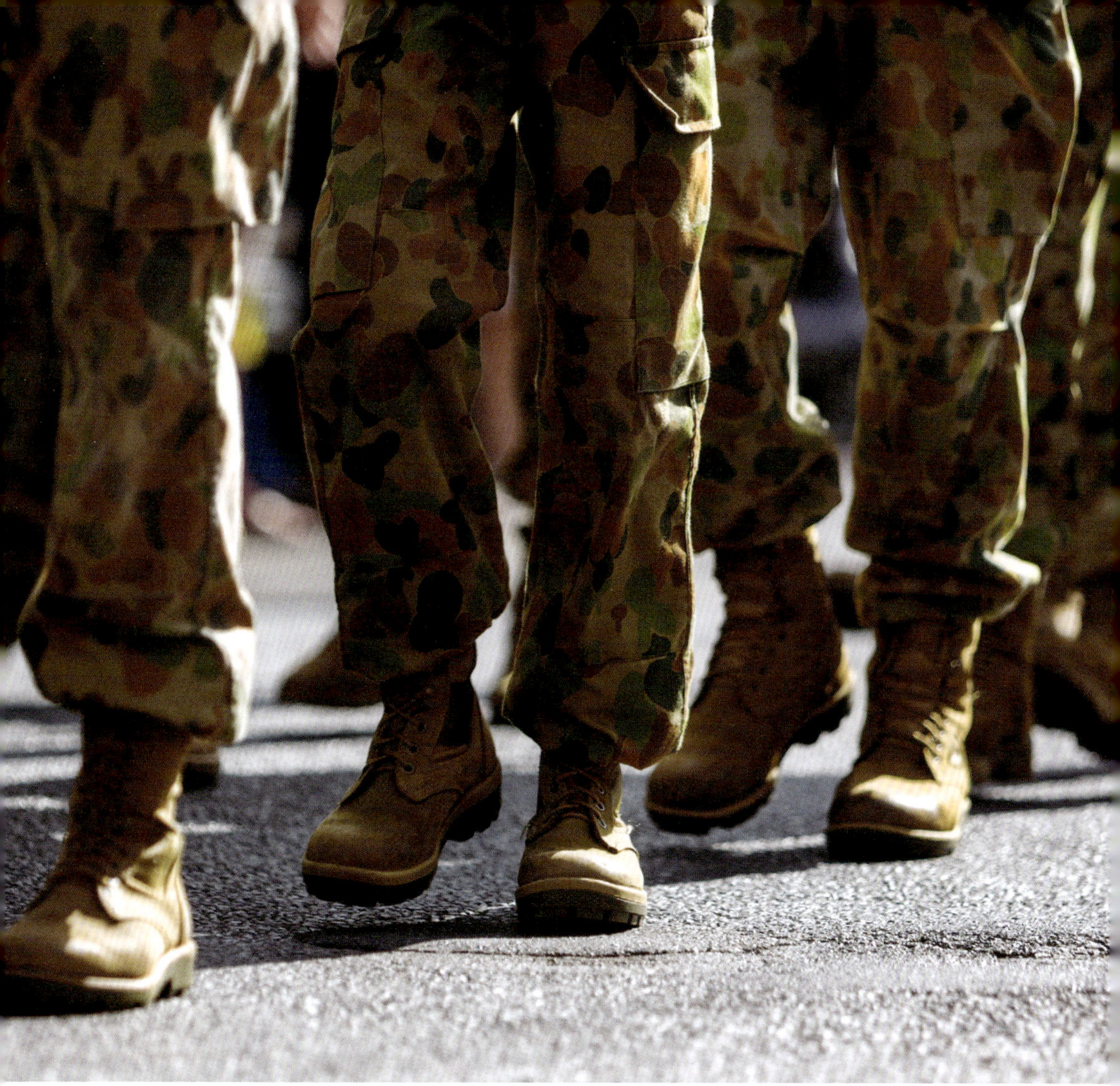

army

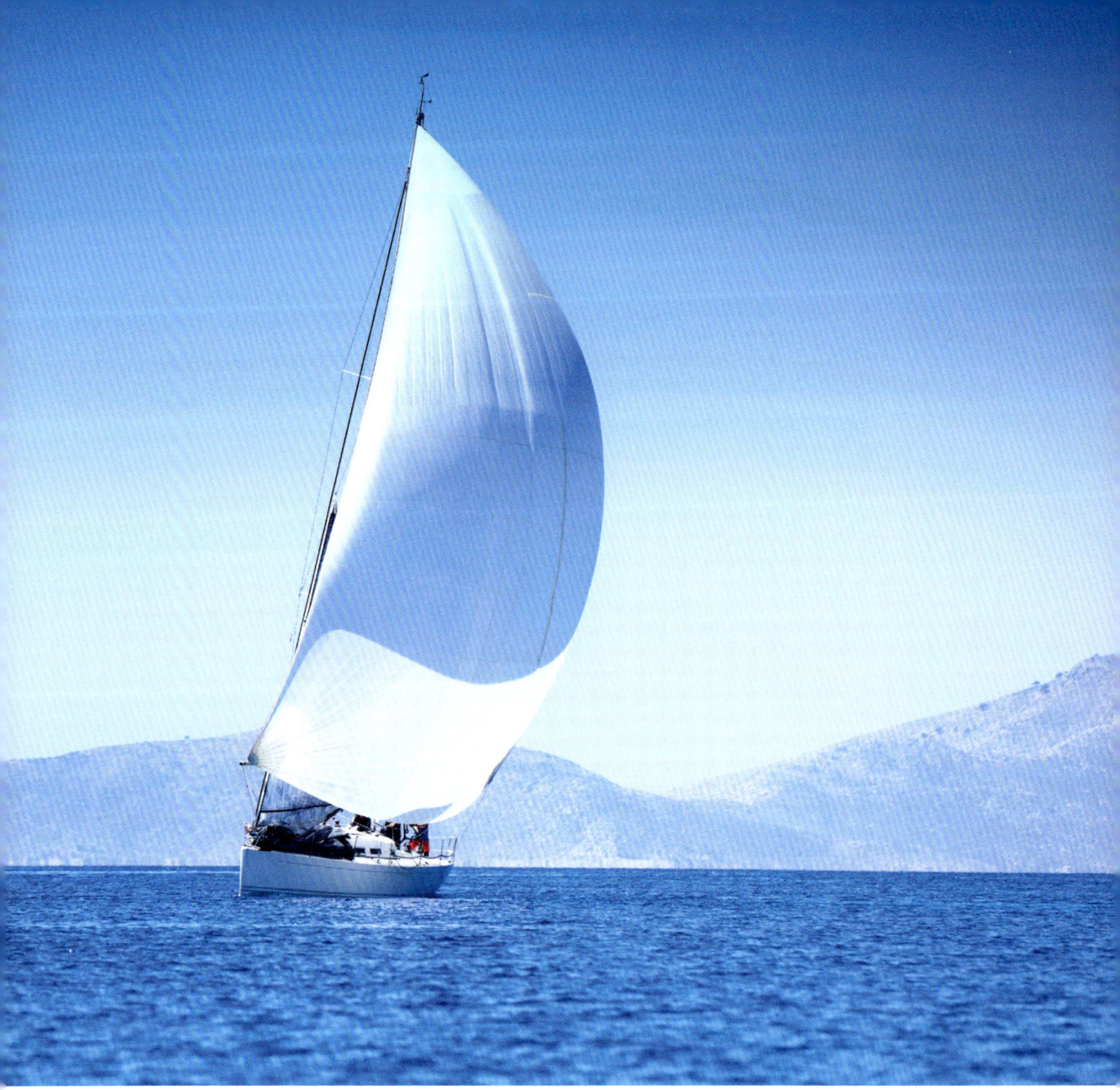

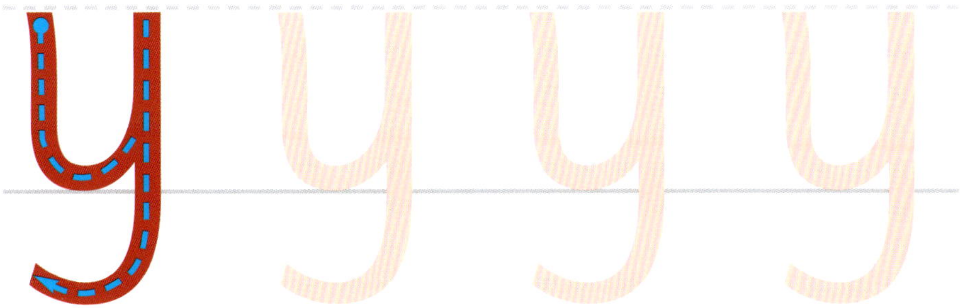

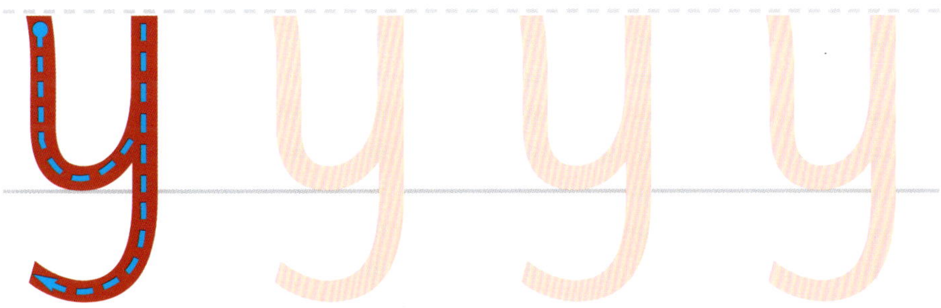

Yy

boy

hay

yo-yo

puppy

yawn

fly

eye

army